Das
Verbindende Nein

Misstrauen überwinden – Vertrauen finden

Treffen einige dieser persönlichen Ziele oder zumindest eines auf dich zu?

Ich kann,

- ein echtes Ja finden, zu dem ich stehe,
- Nein sagen, wenn ich Nein meine,
- ein Nein sprechen, das ernst genommen wird,
- Kopf und nicht Schwanz im Leben sein,
- in Beziehungen an Tiefe dazugewinnen,
- Lebensräume für mich erschließen,
- andere dabei unterstützen, Regeln einzuhalten,
- anderen helfen, ihr Misstrauen zu überwinden,
- zu einer inneren Stärke finden, gemeinsam, in meinen Beziehungen.

Wenn eines oder mehrere dieser Ziele auf dich zutreffen, dann starte jetzt mit der Lesereise.

Dauer? 5 Minuten – 30 Minuten – oder?

Blättere durch dieses Kreuz- und Querlesebuch, bis ein Gedanke dich „anspringt".

Zum Auftakt ein „demütiges“ Bekenntnis

„Wir Wiener, wir machen das ganz anders, mit dem Neinsagen“, bekam ich nach einem Vortrag in Österreich zu hören.

Das überraschte mich nicht, denn es gibt bekanntermaßen interkulturelle Unterschiede, wie man mit dem Neinsagen umgeht. Zum Beispiel ist es in manchen Ländern höflicher, die Unwahrheit zu sagen, als gegenüber einer Autoritätsperson ein Nein auszusprechen.
Solche Unterschiede unterstreichen aber die Bedeutung des Verbindenden Nein, da es wohl alle Menschen betrifft, einen gesellschaftlichen Umgang mit der Spannung zwischen Vertrauen und Misstrauen im Umfeld von Ja und Nein zu entwickeln.
Die Herausforderung ist also nicht so sehr, ob das hier vorgestellte „Verbindende Nein“ sich in allen Details auch z. B. in Afrika oder Asien bewähren würde, sondern, ob die Grundgedanken uns füreinander sensibilisieren und näher zueinander bringen können.

Inhalt

„Wir brauchen eine Versöhnung mit dem Nein."

Für Beziehungen mit Qualität
braucht es

ein **verlässliches Ja**,
ein **kluges Nochnicht**
und
ein **verbindendes Nein**.

Das **verlässliche Ja** ist sich der Qualität seines Ja bewusst, ist nicht übertrieben und auch nicht „vertrocknet“, sondern hat sich die Gründe gut überlegt.

NochNicht

Der Mensch lebt in der Zeit und das **NochNicht** markiert diese Zeitdimension des Lebens.

Nicht immer ist die Zeit schon reif für ein Ja oder für ein Nein.

Es ist klug, sich von Zeitdruck nicht zu einem Ja oder Nein drängen zu lassen.

Das **Verbindende Nein** ist ein Nein, das nicht trennt, sondern neben dem Sinn und Ziel des Nein Beziehungen vertiefen und Vertrauen schaffen will.

Es verbindet Menschen miteinander, statt sie zu trennen.

„Die kürzesten Wörter,
nämlich
Ja und Nein,
erfordern das meiste
Nachdenken."

Pythagoras
(um 570 v. Chr.; † nach 510 v. Chr.)

Ja,
NochNicht
und
Nein

gestalten Grenzen

„Ja, komm doch näher!"

„Warte bitte, ich brauche noch etwas Zeit!"

„Nein, stopp, hier musst du stehen bleiben!"

Das Verbindende Nein gestaltet unsere Grenzen.

Grenzen verdienen unser Vertrauen

solange sie

lebendig und flexibel bleiben

und nicht starr(köpfig) sind.

Lebendige Grenzen suchen

Am Strand gibt es eine Grenze zwischen Meer und Land, aber eine bewegliche, eine lebendige.

Mit Ebbe und Flut verschiebt sie sich.

Es entsteht ein Grenzbereich, eine lebendige Grenze.

Lebendige Grenzen dienen der Beziehungsvertiefung

Eine feste Grenze steht in der Gefahr, dass es vor allem um Regeln geht, um Gesetze, ums Geld, um Perfektion.

Einer lebendigen Grenze geht es um den Menschen und um den Sinn, der im Tun, in der Aufgabe, in den Beziehungen, letztlich in unserem Leben stecken sollte.

Es ist selten, dass zwei oder mehrere Personen in einer Sache „punktgenau" übereinstimmen.

Lebendige Grenzen geben Raum, sich in einem Anliegen einander anzunähern.

Lebendige Grenzen gestalten unser Miteinander

Grenzen sollen uns dienen.

Deshalb müssen wir uns von starren Grenzen verabschieden und brauchen den Mut zu lebendigen Grenzen!

Bei einer festen Grenze stehen wir in der Gefahr den Sinn des Nein oder des Ja aus den Augen zu verlieren.
Es geht dann vor allem um die Regel, um das Gesetz und nicht mehr um den Menschen.

Bei lebendigen Grenzen muss man den Sinn der Grenzziehung verstehen und in der konkreten Situation die jeweilige Grenze innerhalb des größeren Grenzbereichs herausfinden – und dabei ihren Sinn bewahren, ja, diesen dadurch sogar bewusster machen.

Eine illustrierende Übung

Lebendige Grenzen illustriere ich gerne durch dieses kleine Anspiel:

Ich gehe zunächst auf einen Kursteilnehmer zu. Dieser soll dann Stopp sagen, wenn ich ihm zu nahe komme, was er in der Regel so bei einem halben bis einem Meter Abstand tun wird.
Danach folgt die zweite Variante.
Ich nehme Anlauf und komme mit Tempo auf ihn zu gerannt. Jetzt setzt er die Grenze viel früher, stoppt mich schon bei 2-3 m.

Das soll illustrieren, dass ein Nein je nach Situation anders ausfällt.
Eine lebendige Grenze zwischen einem halben und drei Metern, wie in unserem Beispiel, vermittelt in einem „Spielraum“ weiterhin den Sinn dieses Nein, sich vor zu viel Nähe zu schützen.

Lebendige Grenzen brauchen Vorbereitungszeiten

Hilfreich um den Grenzbereich auszuloten, kann eine Technik des Links-Rechts-Annäherns sein.

Ein Beispiel:
Meine 14-jährige Tochter möchte am Abend weggehen. Sie fragt mich, wie lange sie bleiben darf. Ich stelle mir vor, mich sozusagen von „rechts" annähernd, was der äußerste Zeitpunkt sein könnte: 2:00 Uhr nachts, nein; 1:00 Uhr, nein; 24:00 Uhr, nein; halb zwölf, vielleicht. Dann nähere ich mich von links an: frühestens 21:00 Uhr, nein; 22:00 Uhr ja. So hat sich eine lebendige Grenze zwischen 22:00 Uhr und 23:30 Uhr ergeben.
Wenn ich ein erfahrener Vater bin, werde ich mit meiner Tochter nicht zwei Minuten, bevor sie das Haus verlässt, darüber sprechen, sondern rechtzeitig, vielleicht vor dem Abendessen, um mit ihr dann ihre Vorstellungen auszutauschen. Sie wird dabei verspüren, dass sie nicht einem Gesprächspartner mit einer starren Grenze gegenüber sitzt, der, egal, was sie sagen wird, schon seine Entscheidung getroffen hat.

Lebendige Grenzen brauchen Vorbereitungszeiten

Jeweils die Grenze herausfinden, aushandeln, wahrnehmen:
Das hört sich anstrengend an und ist es auch.

Da wäre es uns schon lieber, wenn es klare, feste, über alle Situationen hinweg geltende Grenzen gäbe.
Aber gibt es die wirklich?
Gibt es nicht immer Spielräume, lebendige Grenzen?

Die Anstrengung lohnt sich. Sie bringt uns näher zueinander.

Lebendige Grenzen wagen

Grenzen sind für den Menschen da, nicht der Mensch für die Grenze.
Wir opfern niemand der Grenze.

Es geht immer um den Menschen und nicht nur um die Regel, nicht nur um das Gesetz.

Regeln und Grenzen dienen, aber sie dürfen nicht zum Selbstzweck werden.

Grenzen sind etwas Gutes!

Das Bild des lebendigen Strandes können wir noch um das Bild der Leitplanke ergänzen.

Jedes Nein erfüllt als Grenzsetzung wie eine Leitplanke eine dreifache Funktion:

- Es gibt uns **Orientierung**, wo der Weg verläuft.
- Es **schützt uns**, wenn wir in der Gefahr stehen, vom Weg abzukommen.
- Und es **schützt andere** vor uns, bzw. schützt uns vor anderen, wenn wir oder diese vom Weg abgekommen sind.

„Leitplankengrenzen“sind sinnvoll, aber nur am richtigen Platz.

Zum Beispiel muss in einer Krisensituation „zugepackt werden“, bei einem Unfall, bei einem Notfall, bei echtem Zeitdruck …

Grenzen verdienen

unser Vertrauen,

solange sie

lebendig und flexibel

bleiben können und nicht

von vorneherein starr sein

müssen.

Unsere inneren Grenzen

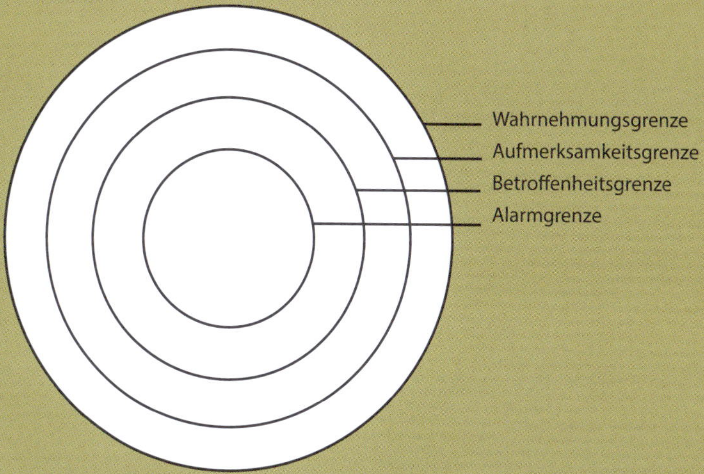

(aus Resch 1996)

Innere Grenzen: ein erstes Beispiel

Stell dir vor, du läufst auf dem Bürgersteig. Wenn du nach vorne blickst, taucht dort irgendwann eine andere Person auf, die im Prinzip schon vorher für dich sichtbar gewesen wäre, aber erst jetzt über deine Wahrnehmungsgrenze tritt.
Dann fragst du dich, ob du diese Person kennst. In diesem Augenblick überschreitet sie deine Aufmerksamkeitsgrenze. Normalerweise wird diese Person dann an dir vorbeigehen und bald wieder aus deiner Welt verschwinden.
Doch diese Person bleibt stehen und fragt dich, ob du weißt, wo man günstig übernachten könnte. Jetzt hat sie die Betroffenheitsgrenze überschritten. Du musst dich entscheiden, ob du ihr Zeit zur Verfügung stellst.
Diese Person wird anschließend deine Betroffenheits-, Aufmerksamkeits- und Wahrnehmungsgrenze wieder verlassen. Sie könnte dich jedoch fragen, ob du mit ihm oder ihr nicht noch eine Tasse Kaffee trinken willst. Hier ist diese Person dabei, die Alarmgrenze zu überschreiten.

Innere Grenzen: ein zweites Beispiel

Ich stehe nach dem Gottesdienst mit einem alten Bekannten zusammen, den ich schon lange nicht mehr gesehen habe.
Ich freue mich darauf, mich mit ihm unterhalten zu können. Da kommt ein anderer, hört uns zu und will mitreden.

Er ist nicht nur über unsere Aufmerksamkeitsgrenze gelatscht. Wir bemerken nicht nur, dass er da ist, sondern auch die Betroffenheitsgrenze hat er überschritten:
Wir müssen uns mit ihm auseinandersetzen.

Er macht uns Stress, weil wir unsere „Inneren Grenzen" gerade nur füreinander und nicht für einen Dritten geöffnet haben.
Wir würden ihn am liebsten wieder wegschicken, was auch unser Recht ist, denn er war nicht sensibel dafür, auf unsere verschiedenen inneren Grenzen zu achten.

//

Was tritt heute an meine vier inneren Grenzen heran?

Wer und was wird heute alles über meine Wahrnehmungsgrenze treten?
Welche Werbeanzeigen stehen am Straßenrand?

Was trifft auf meine Beteiligungsgrenze?
Der Nachbar mit seinem Motorradlärm?

Was macht mich betroffen?
Wie nahe will ich die Probleme und Schwächen anderer an mich heranlassen? Will ich überhaupt etwas davon hören?

Wo fühle ich mich heute bedroht?
Durch meinen Vorgesetzten oder durch alkoholisierte Mitbürger?

Was will ich? Was soll sein? Wie bewusst werde ich mitgestalten?

Mein Ja, Nein oder NochNicht sind gefragt.

//

Das Verbindende Nein stärkt unsere Inneren Grenzen

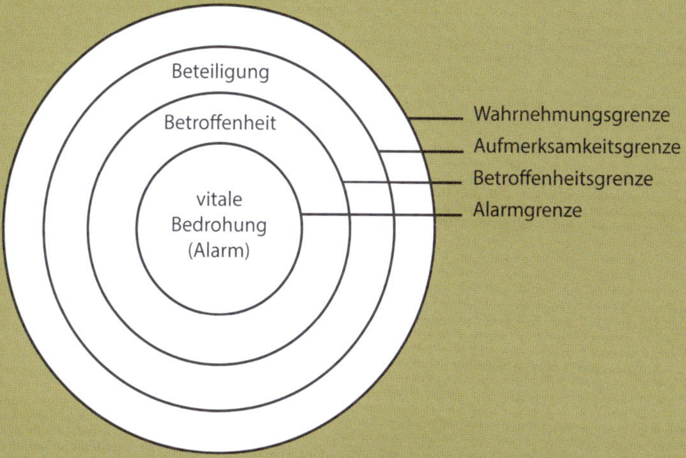

(aus Resch 1996)

Der fünffache Sinn eines Verbindenden Nein

Mit dem Verbindenden Nein …

… können wir andere unterstützen und fördern,

… werden unsere berechtigten Bedürfnisse geschützt,

… werden unsere Werte gewinnen,

… werden wir unsere Ziele erreichen,

… werden unsere Beziehungen an Tragfähigkeit und Tiefe gewinnen.

Das Verbindende Nein
ermöglicht ein
sinnvolles Leben

Die erste Sinndimension: Ein Nein, das die Sicherheit des anderen schützt

Du bist mit einer vertrauten Person abends zum Essen ausgegangen. Diese Person hat drei Bier getrunken und sie fragt dich, ob du einverstanden bist, dass er/sie fährt. (Ihr seid mit dem Auto dieser Person unterwegs und natürlich hast du auch einen Führerschein.)
Hier ist dein Nein ein Nein, das den anderen schützen will: Ein Sicherheits-Schutz-Nein.

Wichtig ist bei Sicherheitsgrenzen, sich grundsätzlich die Frage nach der konkreten Gefahr zu stellen, vor der man schützen will, diese zu benennen und dann zu überprüfen: Trifft sie wirklich zu?

Die zweite Sinndimension: Ein Nein, das meine Bedürfnisse vertritt

Du bist auf der Arbeit und willst gerade Feierabend machen. Eine Kollegin kommt und bittet dich um Hilfe, die etwa 30 Minuten dauern würde. Du weißt, dass auch andere helfen könnten und Zeit hätten.

Hier schützt dein Nein deine Bedürfnisse. Wir alle haben Bedürfnisgrenzen, die wir nicht überschreiten sollten (z. B. brauchen wir genügend Schlaf), und haben z. B. auch ein Recht auf Freizeit mit Freunden.

Wichtig ist hier der Mut, die eigenen Bedürfnisse zu äußern, aber ebenso die Freiheit, aus Liebe auch einmal darauf zu verzichten.

Die dritte Sinndimension: Ein Nein, das meine Werte ausdrückt

Ein Werte-Nein beginnt mit: „Ich finde es wichtig oder richtig, dass ..." Zum Beispiel: „Ich finde es richtig, über abwesende Personen nicht negativ zu reden."

Jeder hat ein Recht auf Werte. Nur, wir haben nicht alle die gleichen Werte.

Öffne dich einmal den Werten und Überzeugungen des anderen. Lass den anderen erzählen, was genau er denkt und empfindet und für wertvoll ansieht.

Ein Werte-Nein braucht Gespräch. Das ist anstrengend, gibt unserem Nein aber, wenn es dabei bleibt, eine Kraft.

Die vierte Sinndimension: Ein Nein, das Ziele erreicht

Du hast die Verantwortung für die Gestaltung der Geburtstagsfeier eines Kollegen übernommen und hast für die Vorbereitung der Feier einen Zeit- und Organisationsplan mit allen erstellt.

Einen Tag vor der Feier fragt der für die Getränke zuständige Kollege, ob ein anderer sich um die Getränke kümmern kann.

Du hast ein Ziel. Um dieses Ziel zu erreichen, hast du Entscheidungen getroffen, Pläne gemacht, koordiniert, andere dafür gewonnen.
Du wirst Nein sagen, weil die Zeit knapp ist, wahrscheinlich schwer ein Ersatz zu finden ist, die Aufgabe, Getränke bereitzustellen, nicht so aufwändig ist, …

Die fünfte Sinndimension: Ein Nein, das wertvolle Beziehungen vertieft

Bundestagswahl steht an. Ein Freund fragt, ob du seine Partei wählen wirst. Das hast du nicht vor. Wenn du Nein sagst, weißt du, dass ihr beide dann ernsthaft miteinander reden müsstet.
Du wirst auf seine Frage eingehen, deine gegensätzliche Position äußern, also Nein zu seiner Position sagen, weil dir eure Beziehung wichtig ist und es sich lohnt, ihn noch besser kennenzulernen.

Eine Beziehung, in der jeder offen seine Meinung, seine Entscheidung und seine Wünsche mitteilen kann, ist wertvoll. Sich zu verleugnen oder sogar zu heucheln, wird auf die Dauer trennen statt verbinden.

Welche dieser fünf Grenzen fallen
dir am schwersten, wenn du sie
anderen gegenüber
durch dein
Nein setzen sollst

?

Das Ergebnis einer eigenen Befragung zeigt, dass es am schwersten fällt, ein Nein zu sagen, um eigene Bedürfnisse zu schützen.

Seine Bedürfnisse wahrzunehmen oder sogar zu leben, macht uns das Angst, egoistisch, ich-zentriert oder lieblos zu sein?

Das Verbindende Nein befreit meine eigenen Bedürfnisse!

Es gibt zwei gesunde, durchaus wichtige Wahrnehmungen unserer Bedürfnisse und es gibt Übertreibungen des Guten.

Diese beiden Übertreibungen sollten wir lassen.

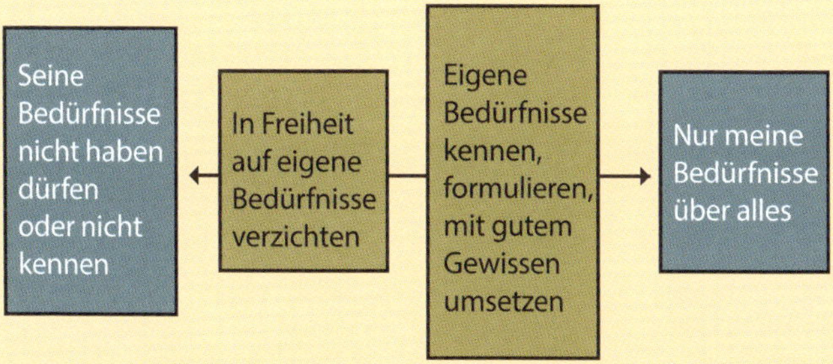

Das Verbindende Nein befreit meine eigenen Bedürfnisse!

Jeder Mensch hat Bedürfnisse, darf sie haben, sollte sie kennen und zeigen.
Erst dann kann er die Entscheidung treffen, sie zu leben oder darauf zu verzichten.

Beides gehört zu einem Leben in vertrauensvollen Beziehungen:

Bedürfnisse frei zeigen und leben oder darauf freiwillig verzichten, wie es in die Situation passt, wie es anderen und mir dient, wie es möglich ist.

Der fünffache Sinn des Nein

… stärkt meine innere Überzeugung, dass ich auf dem richtigen Weg bin.

… gibt mir eine wahrnehmbare Autorität und ich werde dadurch wirkungsvoller.

… lässt mich aber gleichzeitig auch offen für den anderen bleiben.

Das Verbindende Nein stärkt mich.

„Es war für mich ganz neu, hinter einem Nein einen Sinn zu sehen und nicht nur ein negatives Gefühl.
Als ich mir die fünf Sinndimensionen bewusst gemacht habe, gab mir das viel Kraft, denn mein Nein stand jetzt jetzt nicht mehr so auf wackligen Beinen, sondern hatte ein festes Fundament bekommen.
Das gab mir viel Sicherheit in meinem Alltag."

(A. N.)

Vorfreude auf das Verbindende Nein

Wir können Nein sagen

Laut Verhaltensforschung treffen wir bewusst oder unbewusst mehr als 20.000 Entscheidungen am Tag.
Und unsere inneren gedanklichen oder emotionalen Nein und Ja sind als Weichenstellungen an diesen Entscheidungen beteiligt.

Das macht uns eigentlich keinen Stress – abgesehen von schwierigen Entscheidungen:
Zwei bis drei unangenehme Nein, die wir gegenüber anderen zu treffen haben, können den ganzen Tag verdunkeln.

Das Verbindende Nein

Das verbindende Nein ist ein Nein, das von fünf Ja getragen wird:

- Das Ja zum anderen
- Das Ja zum Nein
- Das Ja zur Beziehung
- Das Ja anderer zu mir
- Das Ja, dem anderen ein Halt zu sein

**Es gibt ein Nein,
das von fünf Ja
getragen wird.**

1

Mein Ja zum anderen

Das Ja zum anderen wehrt sich dagegen, den anderen, dem ich Nein sage, abzuwerten: Ich bin für dich, und wenn ich jetzt Nein sage, weiterhin auch für dich!

Dieses Ja zum anderen kann z. B. in einer herzlichen Begrüßung sichtbar gemacht werden, aber es beginnt ohne Zweifel davor in meinem Herzen.

Mein Ja zum anderen

Habe ich schon grundsätzlich Vorbehalte gegenüber einem anderen, egal ob ich Nein sagen muss oder nicht, lohnt es sich, an meinem Bild vom anderen zu „arbeiten".
Ich kann davon ausgehen, dass jeder Mensch etwas Wertvolles besitzt, bzw. an sich hat, dass er mehr Potenziale besitzt, als er selbst glaubt. Jeder hat etwas höher zu Achtendes.

Mein Ja zum anderen

„Ich will dich verstehen."

Spontane Erklärungen, warum der andere etwas tut, werden immer anspringen. Aber diese Erklärungen müssen nicht stimmen.

Den anderen verstehen, kann heißen, dass ich anders auf ihn eingehen kann oder dass ich meine Meinung korrigiere und ein Nein sich vielleicht sogar erübrigt.

Doch um es klar zu sagen:

Den anderen verstehen heißt nicht, dass ich ihm Recht geben muss, sondern es bedeutet, dass ich mich „auf seine Seite stelle“ und für ihn bin, auch wenn ich ihm Nein sage.

2

Mein Ja zum Nein

Das Nein klar und beharrlich sprechen

Mein Nein ist eindeutig:

- Ich sage z. B. „Nein, ich brauche dich, du hattest zugesagt."
  Also nicht mit „Vielleicht" beginnen, oder „Es wäre schön, wenn … "

- Mit Blickkontakt:
  Blickkontakt stellt Beziehung her und wenn er etwas andauert, intensiviert er das Nein.

- Ich kündige auch Konsequenzen an, aber nur, wenn wirklich nötig, gerecht und umsetzbar.

Konsequenzen?

Ich empfehle, auf die Kraft der Überzeugung und auf das Ja zum anderen und zu sich selbst zu vertrauen, und nur wenn wirklich nötig, das Nein mit der Ankündigung von Konsequenzen zu verstärken.

Normalerweise versteht man unter Konsequenzen Belohnungen oder Strafen, die als sogenannte auferlegte Konsequenzen bezeichnet werden. Aber es gibt auch natürliche und logische Konsequenzen.

Natürliche Konsequenzen treten ohne erzieherisches Eingreifen ein, z. B. wenn das Kind an eine heiße Herdplatte langt, wird es sich verbrennen.

Logische Konsequenzen sind inhaltlich mit dem Fehlverhalten als logische Folge verknüpft, z. B., wenn das Kind den Boden beschmutzt, dann hat es diesen selbst zu säubern.

Auferlegte Konsequenzen haben keinen inneren Bezug zum Fehlverhalten, z. B., wenn das Kind seine Hausaufgaben nicht macht, bekommt es kein Eis.

Konsequenzen bei Autofahren trotz drei Bier

Ein Bekannter hat drei Bier getrunken und akzeptiert dein Nein nicht, dass er nicht selber fahren, sondern es dir überlassen soll, euch beide mit seinem Auto heimzubringen.
Als natürliche Konsequenzen kannst du ihm seine geringere Aufmerksamkeit, reduzierte Entscheidungsfähigkeit und die höhere Unfallgefahr verdeutlichen: „Ich an deiner Stelle könnte im Straßenverkehr jetzt nicht mehr alles mitbekommen, könnte deshalb zu spät reagieren. Und was dann alles passieren könnte!"
Logische Konsequenzen, die dein Nein unterstützen, sind: Polizeistrafe (Geld, Strafpunkte), Haftung bei einem Unfall (finanzieller Schaden, betroffene Personen). „Du weißt, dass dir das einen Strafzettel bringen kann, und wenn es zu einem Unfall käme, ginge es nicht nur um Geld, sondern auch um Menschen. Um dich und mich und wahrscheinlich weitere Betroffene."
Die Erfahrung zeigt, dass es genügen kann, die natürlichen oder logischen Folgen eines Fehlverhaltens aufzuzeigen oder, wenn dies nicht zu gefährlich ist, sie auch eintreten zu lassen.

Sinnvolle auferlegte Konsequenzen

In der Erziehung habe ich im Laufe der Jahre viele sinnlose auferlegte Konsequenzen beobachtet, bei denen von vorneherein schon für alle Beteiligten klar war, dass diese nicht durchzuführen oder durchzuhalten waren, wie z. B. eine Woche Fernseh- oder Internetverbot. Spätestens nach zwei Tagen hatte sich diese Konsequenz schon selber überholt.

Sind auferlegte Konsequenzen wirklich nötig, dann sollten diese

- tatsächlich durchführbar sein,
- sofort oder zeitnah erfolgen können,
- nicht indirekt ein Verhalten, das in sich nicht wünschenswert ist, verstärken, weil es dadurch aufgewertet wird, z. B. „keine Süßigkeiten bekommen“,
- ein positives Verhalten nicht negativ belasten, wie z. B. Mithelfen beim Abspülen.

Aber zur Wiederholung: Ich empfehle, auf die Kraft der Überzeugung und auf das Ja zum anderen und zu sich selbst zu vertrauen, und nur wenn wirklich nötig, das Nein mit der Ankündigung von Konsequenzen zu verstärken.

Zurück zum Beispiel: Autofahren trotz drei Bier

Mein Nein in diesem Beispiel schaut so aus:

„Ich finde es nicht richtig, dass du jetzt fährst.
Drei Bier wären mir zu viel.
Und du weißt, ich bin nicht der einzige, der bei drei Bier Bedenken hat.
Und du bist jetzt nicht nur für dich verantwortlich.
Entweder du lässt mich jetzt fahren oder ich nehme ein Taxi und schicke dir die Rechnung."

Ich sage dies bestimmt und schaue dem anderen dabei in die Augen.

Mein Ja zum Nein

Das Nein nur kurz begründen

Begründungen für mein Nein gebe ich nicht mehr als zwei, damit nicht der Eindruck entsteht, ich wolle es besser wissen.

Die akute Neinsituation eignet sich nicht so gut, um Begründungen zu begründen. Das sollte in extra Zeiten geschehen.

Aber Begründungen reichen dem anderen die Hand, drücken Wertschätzung aus: „Du bist es wert, dass ich dir mein Nein begründe."

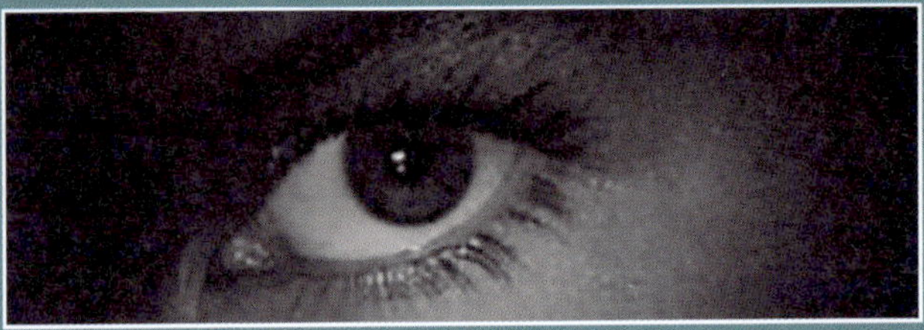

Nicht vergessen

„Zu beobachten, wie mein Nein in der Praxis tatsächlich aussieht: Schwach, unklar, selber nicht davon überzeugt.
Es erschloss sich mir, dass es fast kein Wunder ist, wenn andere dieses Nein nicht als wirkliches Nein erkennen bzw. akzeptieren.
Diese Erkenntnis war für mich aufschlussreich und lehrreich."

(S. B.)

3

Mein Ja zur Beziehung

Bildlich gesprochen, wenn ich Nein sage:
Ich reiche dem anderen die Hand und drücke irgendwie aus, dass wir mehr als dieses Nein-Thema sind und bleiben wollen.

… und ich will die Hand nicht zurückziehen, auch wenn mein Nein keine Zustimmung findet, der andere sogar ärgerlich reagiert.

Die Herausforderung wird sein, sich selber zu beruhigen, bzw. zumindest in der Beziehung zu bleiben.

Eine positive Beziehungsbotschaft senden

Neben der Sachbotschaft besteht jede Kommunikation auch aus einer Beziehungsbotschaft, die mehr nonverbal transportiert wird.

Den Beziehungsaspekt „was der andere von mir hält", hören wir immer mit, auch wenn es nicht ausgesprochen wird. Und das beeinflusst uns, ohne dass uns das bewusst ist!

Das Verbindende Nein will einerseits ein klares, gutes Nein auf der Sachebene senden, mit der positiven Erwartung, dass mein Nein wirkt.

----------------------------------->

----------------------------------->

Andererseits will es auf der Beziehungsebene mitteilen: Ich bin für dich und ich lasse mich nicht trennen.

Es will damit verbindend, beziehungsvertiefend sein und sogar Misstrauen bewältigen.

Das ist das „höchste Ziel" des Verbindenden Nein.

Und im Stress der akuten Situation?

Zunächst gilt es, die Situation zu entspannen:

- ein paar Schritte zurücktreten
- Selbstkontrolle finden
- entspannte nonverbale Botschaften senden
- wenig reden
- falls der andere etwas sagt, zuhören statt diskutieren
- und sich langsam wieder annähern

Wirklich einen Schritt zurücktreten, entspannt die Situation, entlastet den anderen, denn das „Nein" ist ihm zu nahe getreten.
Mögliche Ablehnungsgefühle sind Folge eines erlebten Angriffs auf die Person, ob du das wolltest oder nicht.
Zurücktreten schafft Luft, ist ein Zeichen für „Ende des Kampfes". Und auch dir verschafft das Luft. Und du kannst dadurch Selbstkontrolle finden!

Ein paar Mal durchatmen. Bewusst 3-5 Mal ein- und und ausatmen. Ohne dass du das anstrebst, sendest du dabei entspannende nonverbale Botschaften über deine Augen, Stimme, Körperhaltung und Gesten. Auf jeden Fall solltest du den Blickkontakt auf wenige Male reduzieren, als Zeichen der Ermutigung und des Beziehungsangebots.

Und die Worte? Zunächst Schweigen aushalten. Wenn es geht, dem anderen das Wort lassen oder sehr dosiert reden. Auf keinen Fall diskutieren, denn denn das heißt, einer wird Recht haben.
Es geht jetzt aber nicht um die Sache, sondern um das Ja zur Beziehung.

Erst eine Beziehung, die ein Nein aushält, ist eine wirkliche Beziehung.

4

Das Ja anderer zu mir

Es gibt andere, die ebenfalls in dieser Sache Nein sagen würden.
Sie sind für mich, stehen (unsichtbar) hinter mir.
Das schafft ein Ja zu mir.

Aber auch ich selbst bin für mich:
Ich darf Nein sagen, weil ich bin!
Ich bin nicht weniger wichtig als der andere.

In einer für mich sehr schwierigen Situation des Nein Sagens kann es geraten sein, jemand (als Unterstützer) dabei zu haben.

5

Mein Ja, dem anderen ein Halt zu sein

Egal wie der andere sich verhält, ob er ärgerlich wird oder sich wegduckt, ich lasse mich nicht trennen. Ich, der vorher in den Augen des anderen quasi der Aggressor war, biete mich jetzt als Haltgeber an, der weiterhin für ihn ist und das auch zeigt.
Wenn der andere sich mir anvertraut, geschieht Heilung vom Misstrauen, das ein Nein auslöst.
Vertrauen wächst.

Dieses fünfte Ja kann nicht immer zum Tragen kommen, es braucht dazu einen besonderen Raum, wie z. B. eine pädagogische Beziehung.
Am Arbeitsplatz ist dieser Schritt selten möglich.

Trösten ist gefragt.

„Peter ist zornig.
Schon wieder Ärger mit den Eltern …“

… dieses Mal am Essenstisch! Wieder haben sie ihn mit ärgerlicher Stimme auf sein Zimmer geschickt. Dort ist er gerade dabei, alles durcheinander zu werfen. Wie so oft schon. Er ist wütend, wütend auf die Eltern und wütend auf sich. Er wollte sich doch zusammenreißen! Aber warum muss man unbedingt Salat essen? Das versteht er nicht, wo der doch so furchtbar schmeckt.

Peter feuert gerade seine Schultasche in die Ecke, als die Tür aufgeht und die Mutter im Zimmer steht. „Jetzt wird sie gleich losbrüllen“, denkt er. Aus den Augenwinkeln beobachtet er sie, während er mit dem Fuß seinen Stuhl zur Seite stößt. „Warum bleibt sie stehen? Warum brüllt sie nicht los oder verschwindet wieder?“

Peter kommt durcheinander. Das ist für ihn ungewohnt.
Als seine Mutter näher kommt und ihm leicht die Hand auf die Schulter legt, zuckt er zusammen, zunächst aus Angst, dann wendet er sich mehr aus Trotz weg. „Hau ab“, stößt er hervor …

Die Mutter muss innerlich gegen Enttäuschung und Ärger ankämpfen.
„Peter", vorsichtig legt sie die Hand wieder auf seine Schulter. Das tut gut. Doch noch wehrt sich Peter innerlich.

Als die Mutter ihn näher zu sich heranzieht, entbrennt ein Kampf in Peter. Wie sehr sehnt er sich danach, nahe bei ihr zu sein. Aber da ist auch das Misstrauen, doch zu hören, wie böse er ist. Plötzlich kann er nicht mehr anders, weinend birgt er seinen Kopf an ihren Schultern.

Nach einiger Zeit fängt die Mutter an zu erzählen, wie sie selbst als Kind Salat verabscheut hat. „Und wie hast du das hingekriegt?" fragt er. „Keine Ahnung. Aber heute ist das für mich kein Problem mehr", antwortet die Mutter.
Peter richtet sich auf und sieht das Chaos, das er in seinem Zimmer angerichtet hat. „Ich räume auf", murmelt er. „Okay, vielleicht können wir heute Abend mal darüber sprechen, wie es beim nächsten Salat wird." Die Mutter streicht ihm nochmals durch das Haar und verlässt das Zimmer.

Die sogenannte Faustübung, zu der ich jetzt motivieren will, verdeutlicht gut, was es bedeutet, beim anderen zu sein.

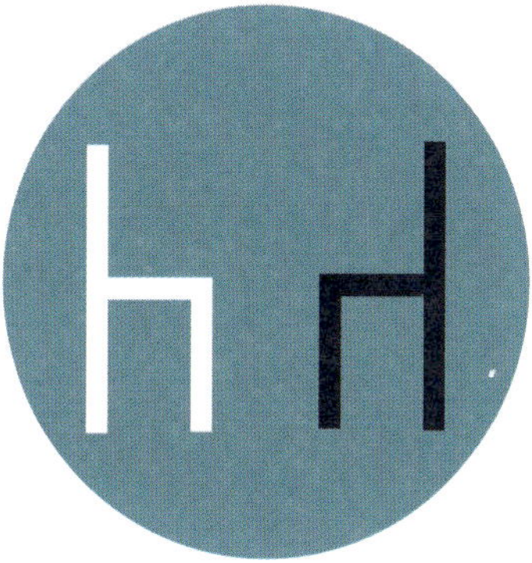

Zwei Personen sitzen einander gegenüber.

Die eine macht eine Faust, die andere hat die Aufgabe, diese Faust zum Öffnen zu bringen, allerdings ohne Worte und ohne Gewalt anzuwenden.

Typischer Verlauf der Faustübung

Zuerst versucht der „Öffner" irgendetwas zu machen, er streichelt oder versucht vorsichtig einzelne Finger zu bewegen. Die Faust öffnet sich nicht, vielleicht verschließt sie sich sogar noch mehr.

Jetzt wendet er sich der ganzen Person zu, berührt vielleicht den Arm oder drückt auf die Schultern. Aber auch dies bringt nichts. Vielleicht gibt er jetzt schon innerlich auf. Das Angebot, Gewalt einzusetzen, bietet sich im Hinterkopf an. Oder er wird kreativer: kitzelt, lässt etwas Wertvolles fallen, damit der andere zugreift, … Nichts passiert. Wahrscheinlich wird er jetzt resignieren oder er begreift, dass nicht er die Faust öffnen kann, nur der andere, wenn dieser es will.

Jetzt ist die Chance vom Machen zum Sichern umzusteigen, seine Hand sichernd unter die Faust zu halten, bis diese sich freiwillig öffnet, wie lange das auch dauern mag.

Die Faustübung ist ein Geheimtipp!

„Das ‚Faustöffnen' ist ein einfaches und geniales Beispiel für viele Probleme, wo wir versuchen, Situationen zu ändern.
Ich habe dadurch ein Bewusstsein bekommen, dass sich vieles nicht so verbiegen lässt, wie ich es vielleicht gerne hätte.
Es ist wichtig und gut, die Beziehung zu halten und nicht abmahnend mit Stress-NEIN zu reagieren – es tun sich manchmal später Lösungen auf – ich bleibe gelassen, ich halte es aus, ich darf mich selbst als derjenige sehen, der sich genug bemüht, jedoch das Ergebnis hängt eben nicht von mir in erster Linie ab."

(S. B.)

**Ein Nein,
von fünf Ja getragen,
kann Vertrauen schaffen.**

Ein Nein, von fünf Ja getragen, kann Vertrauen schaffen

W., Mitarbeiter seit einem Jahr, wurde von seinem Vorgesetzten wegen eines Fehlverhaltens auf seine Verpflichtungen hingewiesen.

W. reagierte mit Vorwürfen, dass man ihn nicht verstehe und dass seine Beziehung zum Vorgesetzten gestört sei. Es falle ihm schwer zu trennen und zu unterscheiden, wo der Fehler am Betrieb läge und wo er seine eigenen Anteile sehen müsse.

Der Vorgesetzte als Gesprächsleiter hielt an der Grenzsetzung fest, forderte die Einhaltung der Verpflichtung, zeigte W. aber gleichzeitig, wie sehr er diesen schätze.

… Das Gespräch endete damit, dass er ihm erklärte, dass die Entscheidung weiterhin feststehe, er aber bereit sei, die Beziehung zu klären und, wenn es gewünscht werde, mit zu überlegen, wie W. seinen Verpflichtungen nachkommen könnte.
Am nächsten Tag nahm er bewusst Kontakt zu W. auf, um zu zeigen, dass ihm die Beziehung weiterhin wichtig ist, er nicht gegen W., sondern für ihn ist.

Eine Woche später kam W. auf seinen Vorgesetzten zu und sagte, dass etwas Grundlegendes passiert sei: Seine negativen Gefühle ihm gegenüber seien plötzlich wie weggeblasen, ja im Gegenteil, er könne sich echter Sympathie nicht erwehren.

W. war in dieser Konfliktsituation zum Vertrauen „durchgebrochen", weil der Vorgesetzte versuchte, vertrauensvoll Halt zu geben und doch ein klares Nein zu sagen.

Aber auch der Preis,

der für das

Verbindende Nein

zu zahlen ist, soll nicht verschwie-

gen werden.

Es wird Ärger

in deinem Leben geben.

**Nein
ist ein Ort des
Misstrauens.**

Was könnte im anderen vorgehen, wenn er eine Grenze erlebt, ein Nein erfährt?

- Einengung, Frustration: „Es klappt nicht, wie ich will."
- Bedrohung: „Der andere ist gegen mich."
- Ablehnung: „Der andere will nicht mit mir zusammen sein."
- Minderwert: „Ich bin (ihm und anderen) nichts wert."
- Scham: „Ich darf nicht sein!"
- Ohnmacht: „Nichts wie weg!"

Seine Reaktionen bewegen sich zwischen Widerstand, Widerspruch, ewiger Diskussion, sich unterwerfendem Einwilligen, Rückzug oder Flucht.

Misstrauen aufgrund meiner Nein-Biographie

Wie hat man mir Nein gesagt, als Kind, als Jugendlicher, ...?

Habe ich das Nein manchmal oder sogar öfters als willkürlich, entwertend oder sogar aggressiv erlebt?

Kann es sein, dass ich solche Erfahrungen vermeiden will und es mir deshalb heute schwer fällt, Nein zu sagen?

Und wenn ich Nein gesagt habe?

Wie haben sich dann die anderen verhalten, vor allem Autoritätspersonen?

Nichtbeachtend? Missachtend?
Verspottend?
Mit Gewalt?

Kann es sein, dass ich solche Erfahrungen vermeiden will und es mir deshalb heute schwer fällt, Nein zu sagen?

Im Schöpfungsbericht der Bibel lesen wir, dass schon das erste Nein Probleme auslöste.
Über dem Paradies stand das Ja Gottes, nur zu dem Baum der Erkenntnis von Gut und Böse hatte Gott sein Nein gesprochen.

Und sofort konnte Misstrauen entstehen:
Sollte Gott uns etwas vorenthalten wollen?

Das Problem mit dem Nein scheint nicht nur etwas mit meiner eigenen Lebensgeschichte zu tun zu haben, sondern es scheint universeller Natur zu sein. Eine weltweite Herausforderung, die kulturell ganz unterschiedlich gelöst wird.

**Wir müssen damit rechnen,
dass ein bedeutsames Nein
im anderen Misstrauensgefühle
weckt.**

Das Verbindende Nein an einem Beispiel

Der Ausgangspunkt: Eine Dir bekannte Person ist berüchtigt, dass sie schlecht über andere redet. Sie fragt, ob sie Dir das Neueste über eine euch gemeinsam bekannte Person erzählen darf.
Du weißt, dass du das nicht hören willst.

Wie könnte die Stressvariante ausschauen?
Dein Gesicht verfinstert sich. Vielleicht denkst du: „Das ist eine unmögliche Person!"
„Nein", stößt du heraus, „das will ich nicht wissen."
Verzweifelt versuchst du, ein anderes Thema zu finden. Du beobachtest, wie die andere Person sich zurückzieht, innerlich und äußerlich. Das Gespräch verstummt.
Keiner weiß jetzt, wie es weitergehen soll.
Dann fängt die andere Person doch an, über die Bekannte zu reden. Du fühlst dich hilflos.
Als du die Geschichte gehört hast, versuchst du, die gemeinsame Bekannte zu verteidigen, was wiederum dein Gesprächspartner benutzt, eine weitere Geschichte dazu zu erzählen.
Nun fährt es dir doch heraus: „Sei endlich still, das nervt mich."
Die andere Person zieht sich in sich zurück mit den Worten: „Ich weiß gar nicht, was du hast."

Und jetzt mit dem Verbindenden Nein?

Du überlegst dir schnell, was du willst. Es ist dir klar, du möchtest nicht, dass über Abwesende gesprochen wird. Und schon gar nicht negativ.
Du weißt, dass das Nein etwas Gutes ist, auch für deinen Gesprächspartner, denn das heißt für diesen ja auch, dass du in seiner Abwesenheit nicht negativ über ihn reden wirst.
Das sagst du dem anderen so.
Und du hast dir auch klar gemacht, falls der andere doch anfangen sollte, ihm zu sagen, wenn er nicht aufhöre, dass du dann weggehen würdest.
Als Alternativthema hast du dir gedacht, etwas von dir vom letzten Wochenende zu erzählen.
Aber dein Gesprächspartner redet einfach weiter.
Jetzt lachst du ihm zu und sagst: „Ich will dir stattdessen etwas Persönliches von mir erzählen."
Aber der andere macht immer noch dicht.
Wahrscheinlich ist er eingeschnappt oder schämt sich. Du legst deine Hand auf seine Schulter – ihr beide kennt euch schon länger, da ist das nicht ungewohnt – und fängst deine Geschichte an. Du merkst, dass er sich erst zurückziehen will, aber dann die Berührung doch zulässt und nicht nur zuhört, sondern bald mit dir über deine lustige Geschichte lacht.

Aber es könnte auch so weitergehen:

Wir stellen uns jetzt vor, dass der andere deine Hand wegschlägt und ärgerlich sagt: „Dir kann man nichts recht machen."
Jetzt musst du selbst tief Luft holen, um nicht zurückzubeißen. Du hältst still, suchst vorsichtig wieder den Blickkontakt zum anderen, um ihn freundlich anzuschauen. Und du bist bereit, zu warten, bis der andere sich wieder beruhigt hat. Du willst dich nicht trennen lassen und gegen den anderen aufbringen lassen. Als er sich scheinbar wieder beruhigt hat, sagst du: „Ich unterhalte mich gerne mit dir". Du beobachtest ihn, seine Mimik, Haltung und Bewegung, und fragst nach einer weiteren Pause, ob du deine Geschichte erzählen sollst. Der andere nickt und du fängst an zu erzählen. Wenn das Einwilligen nicht widerwillig geschehen ist, dann ist wahrscheinlich Vertrauen „durchgebrochen", ein Stück innere Heilung geschehen, wenn auch nur ein kleines Stück. Wenn das Einwilligen mehr die Folge von Nachgeben und Erregtsein ist, ist zumindest ein Schritt in Richtung Vertrauen gewonnen. Aber, ein Einwilligen kann auch ausbleiben, weil dies nicht in unserer Hand liegt, trotz des Verbindenden Nein.

Später, alleine:

Wenn Du Zeit hast, darüber nachzudenken, versuchst du den anderen zu verstehen, willst dein Ja zum anderen suchen. Du erinnerst dich, dass du auch schon ab und zu negativ über andere gesprochen hast, dass es dir damals einfach so herausgerutscht war.
Du denkst jetzt auch daran, dass es viel Gutes gibt, was dich mit deinem Gesprächspartner verbindet.
„Warum möchte er das tun“, fragst du dich. Vielleicht will er, dass das Gespräch persönlicher wird, oder er langweilt sich?
Du nimmst dir vor, bei anderer Gelegenheit mal in Ruhe mit ihm über seine Geschwätzigkeit zu reden, denn das ist ja nicht das erste Mal.
Zusätzlich verspürst du auch jetzt wieder dein Ja zu dir selbst. Du weißt dich bei der ganzen Sache recht sicher, weil dir klar ist, dass das eine Regel in deiner Gesellschaft und in deinem Glauben ist.
Du stehst damit nicht alleine.
Überhaupt hast du gelernt, dass eine eigene Meinung zu haben noch nicht bedeutet, sich über den anderen zu stellen.

Wer kennt das?

„Mein Problem ist nicht unbedingt, überhaupt „Nein“ zu sagen. Vielmehr ist mein „Nein“ oft sehr zerstörend und ich neige dazu, Beziehungen viel zu schnell aufzugeben und nach einem NEIN in die Distanz zu gehen, teilweise Menschen sehr schnell für mich sterben zu lassen ...“

(S. S.)

Was befürchten wir, wenn wir Nein sagen?

- Ärger?
- Nachteile?
- Beziehungsverschlechterung?
- Trennung?

… vor allem Ärger!

Es scheint leichter zu sein, nur Ja zu sagen und zu hoffen, dann von allen geliebt zu werden und ohne Ärger miteinander auszukommen.

Doch der Ärger, den wir vermeiden wollen, schafft wahrscheinlich später einen viel größeren Ärger als den, den wir befürchtet haben.

Wer sich entscheidet, Nein zu sagen und dies konsequent, muss damit rechnen, dass es Ärger geben wird, auch beim Verbindenden Nein.

Doch dieser Ärger zahlt sich aus.

Grundentscheidung: Es darf Ärger geben

Es darf Ärger geben – auch wenn ich alles richtig mache.

Ich will Ärger nicht mehr ausweichen.

Der mögliche Gewinn eines Nein lohnt sich und deshalb lohnt es sich, dass ich mich dem Ärger stelle!

Ja, das ist ein hoher Preis für vertrauensvolle Beziehungen, der sich aber lohnt.

Ärger aushalten!

Ärger?

Wie stehen wir grundsätzlich zum Ärger?
Was haben wir gelernt, was das ist und wie wir damit umzugehen haben?

Haben wir gelernt, dass Ärger ein schlechtes Gefühl ist und zum Beispiel Freude ein gutes?

Und dass schlechte Gefühle nicht sein dürfen?

Ärger – Ja, bitte

Legen wir die Einteilung in schlechte und gute Gefühle beiseite, denn wirklichkeitsnäher ist die Einteilung in angenehme und unangenehme Gefühle.

Angenehme Gefühle erfreuen und motivieren, unangenehme Gefühle warnen und sind Signale, aufzupassen.
Ärger ist ein Signalgefühl, dass etwas nicht stimmt. Also ein gutes Gefühl!

Ärger ist grundsätzlich erst einmal nichts Schlechtes, Verbotenes.

(Auch Freude kann durchaus schlecht sein, als Schadenfreude oder zum falschen Zeitpunkt.)

„Neinsagen bedeutet: Es gibt eventuell Ärger!
Jawohl – da haben Sie Recht und dann gibt es halt Ärger; jedoch ist es wie beim Gewitter: Danach ist die Luft klarer.
Diese blöde Harmoniesucht – so ganz habe ich diese nicht draußen, aber wir sind und bleiben ja Lernende – in jeder Hinsicht."

(V. I.)

Ärger als Signalgefühl – Ja, bitte!

Friedenszeiten

Warum nutzen wir Friedenszeiten, Zeiten also, in denen das Nein-Thema kein Thema ist, so selten zum Nachdenken, zum Planen, zum Auswerten, zum Besprechen, zur Aussprache …?

Meistens sind wir froh, dass Frieden ist, und haben keine Lust, uns diesen durch das Nein-Thema stören zu lassen.

Aber wann sonst sollten wir die nötige Distanz finden, um in Ruhe miteinander sprechen zu können?

Friedenszeiten beziehungsvertiefend nutzen!

- Einen Zeitpunkt dafür arrangieren.
- Nicht um den heißen Brei herum reden, sondern zur Sache kommen: Um was geht es?
- Als erstes hinhören: Was ist die Sicht des anderen? Diese kann ganz anders sein, als ich bisher gedacht habe.
- Dann meine Sicht. Das Nein: Um was es geht? Meine Gründe für das Nein?
- Einander verstehen, auch wenn ich wahrscheinlich bei meinem Nein bleibe.
- Mögliche Konsequenzen besprechen.
- Vereinbarungen bzgl. Konsequenzen treffen, und wie und wann wir wieder darüber reden werden.

„Zeit,
die wir uns nehmen,

ist Zeit,
die uns etwas gibt."

(Ernst Ferstl)

Die Spiritualität des Verbindenden Nein

Gott sagt „Ja" zu mir

Gott sagt „Ja“ zu mir

- als Mensch mit Bedürfnissen
- als Mensch, der etwas bewirken kann
- als Mensch, mit dem er Beziehung möchte

Ja zu meinen Bedürfnissen

Ich muss lernen, wo meine Grenzen sind, an Kraft, an zumutbarer Nähe, an Fähigkeiten, … weil nur dann nicht Angst und Überforderung meine Beziehungen und mein Handeln bestimmen.
Ich darf so sein. Ich stehe zu mir.

Mich selber beachten heißt außerdem: nicht nur meine Grenzen kennen, sondern auch meine Freuden.

Ich kenne meine Grenzen …

… ich beachte auch meine Freuden.

Selbstachtung stärkt unser Ja, NochNicht und Nein.

„Ja, wer mit sich selbst schlecht umgeht, wem kann der gut sein? Denk also daran: Gönne dich dir selbst.

Ich sage nicht: Tu das immer, ich sage nicht: Tu das oft, aber ich sage: Tu es immer wieder einmal.

Sei wie für alle anderen auch für dich selbst da, oder jedenfalls sei es nach allen anderen."

(Bernhard von Clairveaux,1090 –1153, schrieb dies an Papst Eugen II., der früher als Mönch in seinem Kloster gelebt hatte.)

Sich Ziele setzen zu können und etwas dabei bewirken zu können, kurz:
Handeln, das gehört zum Menschen, so wie Gott ihn geschaffen hat.

Wir erleben uns selbst als Ursache von Wirkungen.

Ein spezielles Ja zu mir: Die Selbstwirksamkeit

„Ich habe Vertrauen in mich und meine Fähigkeiten."

„Wenn ich mich bemühe, lassen sich die vor mir stehenden Probleme positiv bewegen."

„Andere glauben an mich und erwarten von mir nur so viel, wie ich leisten kann."

Selbstwirksamkeit mit Fehlerkompetenz

Selbstwirksam zu sein, kennt auch Misserfolge, die sein dürfen:
Ich kann etwas bewirken, aber die Folgen fallen unterschiedlich aus.

Fehlerkompetenz heißt,

- Fehler nutzen zu können,
- hinfallen und wieder aufstehen,
- Fehler auszuwerten, Verantwortung zu übernehmen,
- sich zutrauen, dass es beim nächsten Mal besser klappen kann.

Überzeugt zu sein von der
eigenen
Selbstwirksamkeit,
stärkt unser Ja,
NochNicht
und Nein.

Gottes Ja zu mir und mein Ja zu IHM

„Siehe, ich stehe an der Tür und klopfe an.“

Auf eine gelebte Gottesbeziehung kommt es an. Dazu braucht es unser Ja.

Ja, Gott steht vor der Tür jedes Menschen. Und er klopft an. Nicht nur einmal. Nein, oft. Aber die Tür kann man nur selbst öffnen.

Diese Tür ist keine völlig geschlossene Tür, sodass ich nicht weiß, was auf mich dahinter „lauert“. Sie hat Fenster (die Erfahrungen anderer, die Bibel, eigene Erlebnisse), damit ich Vertrauen finden kann, aber ist nicht ganz aus Glas.

Gott wartet auf mich, ja er läuft mir immer wieder entgegen.

Unsere Hingabe:

Nichts soll mich scheiden von der Liebe Gottes, die in Jesus Christus ist ...

… und ich vertraue dir, dass
jedes Nein und jedes Ja, das du mir sagst, gut ist.

Gott steht hinter mir, auch beim Neinsagen

Wer steht hinter dir,
wer hält dir den Rücken frei?
Ist es kalt dort oder heiß?

Oder weht dort ein vertrauter Wind,
der dich kühlt und wärmt
wie du es brauchst,

der all das Gute deiner Jahre bündelt,
wie ein Rebstock seine Ernte
Jahr um Jahr,

der als Rückenwind
dich ermutigt
für den nächsten unbekannten Schritt?

Es gibt diesen Wind,
der gerne das Gesicht
von Menschen trägt,

aber auch von sich aus spricht:
Geh voran. Ich steh zu dir,
Ich, dein Gott, von Anfang an.

Ohne Ja und ohne Nein …

… kein Grundvertrauen zum Leben!

… keine Beziehung!

… keine Person!

… keine Freiheit, zu geben und zu nehmen!

„Euer Ja sei ein Ja,
euer Nein sei ein Nein,
was darüber ist, das ist vom Übel."

Jesus Christus

Ohne Nein leben wir in einer reduzierten Wirklichkeit. Liebe kann hier nicht atmen.

Ohne Nein keine Liebe. Nur Ja zu sagen ist lieblos.

Ohne Ja und ohne Nein kein Vertrauen zueinander

Der Psychologe Petermann (1996) beschreibt Vertrauen anhand dreier Kriterien:

1. Ich vertraue dem anderen, weil ich glaube, dass er für mich ist.

2. Ich vertraue ihm, weil er die Wahrheit sagt, er sich als zuverlässig erwiesen hat.

3. Der andere ist für mich vorhersagbar, d. h. sein Verhalten, seine Standpunkte und Überzeugungen weisen eine Dauerhaftigkeit auf.

Wir können sagen, jedes Nein und jedes Ja, das wir im Alltag hundertfach hören und sagen, ist genau einer der wichtigen Orte, an denen Vertrauen wachsen kann.

Verlässliches Ja + Verbindendes Nein:

Ich lebe – Wir leben

Eine wichtige Vertrauensaufgabe

Wir müssen lernen, die Spannung zwischen Verbundenheit und Selbständigkeit zu lösen.
Aus christlicher Sicht ist jeder Mensch eine eigenständige Person, die diese Eigenständigkeit wiederum nur in Beziehungen entwickeln und leben kann.

Wir müssen Selbständigkeit erlernen, ohne Beziehungen zu verlieren, und Verbundenheit erlernen, ohne Selbständigkeit zu verlieren.

Das Ganze hat einen Haken:
Hinter beiden wichtigen Aufgaben lauern zwei Gefahren, beziehungsweise Ängste: Bei zu viel Verbundenheit kann ich vereinnahmt, ja sogar missbraucht werden, bei zu viel Selbständigkeit kann ich verlassen werden.

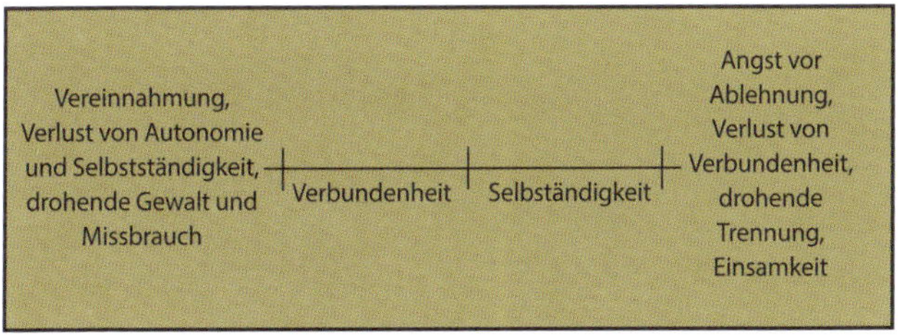

Beziehungen können uns schnell mit zwei Grundängsten in unserem Herzen in Berührung bringen:

Verlasse mich nicht!
Verletze mich nicht!

So formuliert es der jüdische Philosoph Emmanuel Lévinas (1905 – 1995).

Ohne Ja und ohne Nein keine Beziehung!

Das große Thema, Glauben und Vertrauen contra Zweifel und Misstrauen, zeigt sich am alltäglichen Nein von Anfang an in der Menschheitsgeschichte.

Mit anderen Worten, wir können dem Liebesauftrag Gottes nicht gerecht werden, wenn das Nein für uns nicht so selbstverständlich zur Liebe gehört wie das Ja.

Immer Ja sagen ist lieblos. Wer nicht Nein sagen kann, kann auch nicht Ja sagen!

Das NochNicht nicht vergessen, aber bitte dieses nicht als Ausrede gebrauchen.
Die gewonnene Zeit dann auch wirklich nutzen!

Nein und Ja sind die wesentlichen Bestandteile einer Beziehung.

Provokante These:

Lieben wir vielleicht so wenig, weil wir nicht Nein sagen können?
Weil wir denken, dass ein Nein lieblos ist, dass zu lieben bedeutet, nur Ja zu sagen?

Ohne Ja und ohne Nein keine Person!

Gott ist Person – das ist ein wichtiger Bestandteil des christlichen Glaubens – Person mit einem Willen, mit Freiheit, mit Gefühlen, mit Zielen und Absichten, und wir als seine Gegenüber, als seine erlösten Ebenbilder, sind das ebenso.

Um dieses Personsein zu entfalten, brauchen wir auch die Kompetenz, Identität zu finden, indem wir Grenzen setzen.

Ohne Ja und ohne Nein keine Freiheit, zu geben und zu nehmen!

Grenzen zu setzen, um unsere eigenen Bedürfnisse zu schützen, fällt uns, wie es schon beschrieben wurde, schwer.

Das hat nicht nur etwas mit mehr oder weniger Selbstvertrauen zu tun, sondern auch mit dem Mut, zu eigenen Rechten und Bedürfnissen zu stehen, sie zu leben, das zu nehmen, was mir zusteht, aber auch aus Liebe Rechte loszulassen, aus Freiheit zu verzichten und von dem weiterzugeben, was mir gehört.

Ja und Nein:
Ich darf sein!

**Das Verbindende Nein
schafft
vertiefte Beziehungen
und ermöglicht dadurch
Vertrauen.**

Jedes noch so kleine
Verbindende Nein ist ein
Samenkorn für Vertrauen.

Literatur

- Buber, Martin. 1954, 1974. Ich und Du. In: Die Schriften über das dialogische Prinzip. Heidelberg: Verlag Lambert Schneider.
- Levinas, Emmanuel. 1989. Humanismus des anderen Menschen. Hamburg: Meiner.
- May, Werner. 2001, 3. Auflage 2008. Kindern dialogisch Grenzen setzen. Kitzingen: IGNIS.
- May, Werner. 2011. Der Vertrauensmodus und die Kunst des verbindenden Nein. Kitzingen: IGNIS.
- May, Werner. 2016. Expeditionen ins Ja-Land. Ausgabe 2.3 gehaltvoll-magazin.de
- May, Werner. 2018. Setting Boundaries in a Dialogical Way, in: Nicolene Joubert (Ed.): Psychology and Psychotherapy in the Perspective of Christian Anthropology, London, Cambridge.
- Petermann, Franz. 1996. Psychologie des Vertrauens. Göttingen: Hogrefe-Verlag.
- Resch, Franz. 1996. Entwicklungspsychopathologie des Kindes- und Jugendalters. Weinheim: Beltz.
- Riemann, Fritz. 1990. Grundformen der Angst. München: Ernst-Reinhardt-Verlag.
- Rogge, Jan-Uwe. 1995. Eltern setzen Grenzen. Ravensburg: Rowohlt.
- Seiß, Rudolf. 1985. Identität und Beziehung. Stuttgart-Neuhausen. Hänssler-Verlag.
- Townsend, John and Cloud, Henry. 1995. Nein sagen ohne Schuldgefühle: wie man sich gegen Übergriffe schützt. Kehl: Edition Tropisch.
- Ury, William. 2009. Nein sagen und trotzdem erfolgreich verhandeln. Campus Verlag: Frankfurt / New York (Engl. „The Power of a Positive No", 2007).

Die Kinder-Weisheitsschule

Schon mal gehört?

Erik und Lisa sind auf jeden Fall davon begeistert! Und was sie dabei alles lernen! Die Kunst des Nein-Sagens probieren beide gleich erfolgreich aus. Aber was ist die Kunst des zweiten Anlaufs?

In diesem Kinderbuch von Werner May mit Zeichnungen von Claudia Mertens schleichen sich Erik und Lisa nachts in die Baumschule der weisen Eule. Sie lernen etwas über „Die Kunst des Neinsagens" und „Die Kunst des zweiten Anlaufs". Schon mal gehört? Was wohl ihre Eltern dazu sagen?

Die Kinder-Weisheitsschule ist für Kinder ab 5 Jahren gedacht, natürlich auch für Eltern, Großeltern, Onkel und Tanten und für das Kind in jedem Erwachsenen.